Das Mecklenburg des Uwe Johnson

Text: Anja-Franziska Scharsich | Photographien: Angelika Fischer

AF190921

Stillgelegte Bahnstrecke Klütz – Grevesmühlen

Heimat ist schließlich ein privater Bereich, das sind Personen, das ist eine Landschaft, dazu kann man sich bekennen. Uwe Johnson

Prolog

Der Schriftsteller Uwe Johnson stellte 1977 in der Rede anlässlich seiner Aufnahme in die Deutsche Akademie für Sprache und Dichtung fest, *[...] es gefällt Leuten, mich einen Mecklenburger zu nennen, als sei das ein verläßliches Kennzeichen.* Über diese Zuordnung war Johnson nicht unglücklich, fühlte er sich doch zeitlebens dem Mecklenburgischen mit einem innigen Heimatgefühl zugehörig. Die Bindung der Mecklenburger an ihr Land ist beinahe schon legendär, denn eigentlich verlassen sie ihre heimatliche Scholle nur sehr ungern. Dennoch hat das Land im Nordosten Deutschlands eine hohe Auswanderertradition. Die Geschichte des Landes ist über Jahrhunderte geprägt von Armut und Leibeigenschaft; die Menschen waren gezwungen, ihr Glück in der Welt zu suchen. Von 1850–1900 verließen ca. 250.000 Mecklenburger ihre Heimat, davon gingen etwa 200.000 nach Übersee, vorzugsweise in die USA. Damit war Mecklenburg das Land, das den höchsten Prozentsatz an Auswanderern aufwies. Insbesondere in der ländlichen Bevölkerung Mecklenburgs dürfte es Ende des 19. Jahrhunderts wohl nur wenige Familien gegeben haben, die nicht in Amerika ansässige Verwandte oder nahe Bekannte hatten. Das Mecklenburgische blieb jedoch Teil ihrer Wirklichkeit, innerlich durch Erinnerungen verankert als Land ihrer Kindheit.

Uwe Johnson
November 1981

Jahr für Jahr ist es lebendiger geworden in dir, und du hast dich ausgeruht bei dem Gedanken an deine Heimat, und manchmal hat es dich ordentlich wieder jung gemacht auf deine alten Tage und auf deine müden Stunden. Da ist etwas, das läßt sich nicht mit den Händen greifen; aber es ist doch da. [...] Wenn das Heimweh ist, dann ist Heimweh keine Krankheit. Dann ist Heimweh das Beste, was der Mensch mitnehmen kann von Hause. Dann ist Heimat das Beste, was der

Mensch auf Erden hat. Und wenn er Flügel der Morgenröte nimmt oder wenn er über die halbe Erde fährt und an die fünfzig Jahre als Farmer in Iowa arbeitet, er reißt sich doch nicht von ihr los. Sie hält ihn fest wie ein starkes Seil, und keine Macht der Erde bindet mehr, als die Heimat bindet.　Johannes Gillhoff: Jürnjakob Swehn der Amerikafahrer, 1930

Aufgrund seiner Geschichte steht Mecklenburg-Vorpommern für die Aufgabe der alten und die Inbesitznahme einer neuen Heimat. Der Begriff *Heimat* kann vielfältig gedeutet werden: Heimat ist für den einen ein Land, eine Region, eine Stadt, ein Dorf, für den anderen eine Landschaft, eine Sprache oder die Familienzugehörigkeit. Heimat ist das, was die Identifikation und Identität eines Menschen ausmacht. Heimat liefert die Wegmarken des Individuums. Im Rückblick auf diese Lebensstationen entstehen Erinnerungsbilder, tauchen längst vergangene Welten wieder auf, werden erneut zusammengesetzt und bilden eine individuelle Wirklichkeit. Literarisch betrachtet erhält eine solche Welt eine neue Allgemeingültigkeit. Dichtung und Wahrheit fließen ineinander und schaffen neue magische Sehnsuchtsorte.

Die Ostsee
bei Boltenhagen

„So klares Wasser habe ich nie wieder gesehen" –
Sehnsucht nach Mecklenburg

Mecklenburg-Vorpommern hat mit seinen langen Sandstränden, den Steilküsten, seinen traditionsreichen Ostseebädern und Hansestädten, den verträumten Dörfern und Städten im Hinterland sowie seinen Wäldern und Seen schon seit Jahrhunderten Künstler verschiedenster Sparten fasziniert und inspiriert. Der Norden ist also eine Region, in die sich ein Streifzug auf den Spuren zahlreicher Maler und Schriftsteller lohnt. So kann man in Carwitz dem Schriftsteller Hans Fallada, auf der Insel Hiddensee Gerhart Hauptmann, in Rostock Walter Kempowski, in Güstrow dem Künstler Ernst Barlach und in Rostock, Güstrow und Klütz dem Dichter Uwe Johnson nachspüren, jenem Mann *mit einem sonderbaren Humor, dessen Witz einem nicht immer gleich aufging.* (Günter Grass) Die Werke dieser Künstler dokumentieren einerseits Kulturgeschichte und geben andererseits eine besondere, meist emotionale Sicht auf historische Ereignisse, Zusammenhänge und Mentalitäten. Der Schriftsteller Uwe Johnson verstand seine Herkunft als lebenslange Zugehörigkeit: *Viel nun spricht dafür, dass ich ein Mecklenburger sei.* Bereits in jungen Jahren setzte sich Uwe Johnson mit der Umgebung, in der er lebte, insbesondere mit seinem Wohnort Güstrow, in gesellschaftlicher, landschaftlicher und auch historischer Hinsicht auseinander, darüber hinaus ließ er sich auch von Künstlern inspirieren.

Güstrow,
Mühlenstraße mit
Marienkirche

Das Alarmsignal war so unübersehbar, es hätte wahrgenommen werden müssen: dies Kind las. [...] Das war ein weltvergessenes Lesen, fiebrig, süchtig, übrigens durchaus in dem wahnwitzigen Wissen, dass die dort geschilderten Personen unwahrscheinlich waren, ihre Handlungen wenig zu empfehlen, kaum wünschenswert. [...] Im Grund verdankte sich die Faszination der immer von neuem staunenden Einsicht, dass die Namen auf dem Titelblatt einmal wirklich gewesen waren, bis zum Nachweis der Anmeldung bei der Polizei, dass es also Menschen gab, die sich die Welt selber machen können [...].

Aufgrund der beengten Wohnverhältnisse zu jener Zeit hielten sich der Schüler Johnson und seine Schulkameraden nicht gern zu Hause auf. Die Freizeitgestaltung spielte sich daher meist im Freien ab. Man traf sich in der Stadt, badete im Sumpfsee oder segelte auf dem Güstrower Inselsee. Erinnerungen an Johnson als guten Sportler sind nicht bekannt. Vielmehr nutzte der Oberschüler eine vom Arzt attestierte „vegetative Dystonie" für die Befreiung vom Schulsport, später schützte ihn diese Diagnose vor dem Dienst bei der Kasernierten Volkspolizei, dem Vorläufer der späteren Nationalen Volksarmee der DDR. Dennoch waren es vor allem Wander-, Paddelboot- und Fahrradtouren, auf denen der blonde, hagere und zurückhaltende Pennäler seine Heimat erkundete. Mecklenburg war für Johnson ein besonderer Teil seiner Lebensgeschichte und blieb somit stets in seinem Bewusstsein. Diese Verbundenheit spürt auch der Leser von Johnsons Werken. Die mecklenburgische Landschaft und Sprache finden sich darin erzählerisch in eine neue, fiktive Welt eingebunden – eine literarische Topographie, die das erzählte Mecklenburg mit individuellem Wissen belebt und zu einer Spurensuche anregt.

Am Inselsee in Güstrow

Uwe Johnson gilt heute als einer der bedeutendsten deutschen Schriftsteller der Nachkriegszeit. Er ist der Autor eines der wichtigsten deutschen Romane zwischen Kriegsende und Wiedervereinigung, der *Jahrestage. Aus dem Leben von Gesine Cresspahl* (1970-1983). Bereits mit seinem ersten veröffentlichten Buch *Mutmassungen über Jakob* (1959) wurde er zu einem der meist diskutierten Schriftsteller Deutschlands. So charakterisierte ihn auch sein ehemaliger Literaturprofessor Hans Mayer: *Johnson war ganz sicher eine der genialen Figuren der deutschsprachigen Literatur seit 1945.* Hans Mayer lehrte von 1948 bis 1963 Literaturgeschichte an der Universität in Leipzig. 1963 übersiedelte er aufgrund politischer Differenzen mit den Machthabern der DDR in die Bundesrepublik Deutschland. Er war für Johnson über viele Jahre, auch nach Abschluss seines Studiums, ein wichtiger Mentor und Wegbereiter.

Uwe Johnson blieb mit seiner für den damaligen bundesdeutschen Leser fremden Erzählwelt DDR, seiner spröden Erzähltechnik und seiner inneren Zerrissenheit unter den deutschen Autoren seiner Zeit ein Außenseiter, ein Wanderer zwischen den Welten, ein Fremder ohne Land. Diese spröde, distanzierte, oftmals auch befremdliche Art war nicht nur eine Eigenheit seines Erzählens, sie prägte auch sein Verhalten anderen gegenüber. So erinnert sich der Schriftsteller und ehemalige Leipziger Studienfreund Jochen Ziem (1932-1994) an sein erstes Zusammentreffen mit dem Studenten Johnson: *Johnsons Stiernacken, in dem sich Bluthochdruck sammelte, überragte uns alle. Auf Fragen gab er selten mehr als Ja oder Nein zur Antwort und das mit einer betont langsamen Bariton-Stimme, die viel mecklenburgisches Misstrauen gegen uns schnell redende Südländer enthielt und zur Zurückhaltung, zur Distanz aufzufordern schien.*

Johnsons Werke spiegeln von Beginn an die außergewöhnliche Bindung des Schriftstellers an Mecklenburg wider, hat er doch fünfundzwanzig Jahre seines Lebens, nur durch sein Studium in Leipzig unterbrochen, hier verbracht. Motive, Landschaften und Orte wie Güstrow, Rostock, Malchow am See oder auch das Fischland, die Ostseeküste und die Flüsse Peene, Nebel, Warnow begleiteten ihn nicht nur im Gedächtnis bis nach Amerika und England, sondern er verankerte sie auch in seinen Büchern von den *Mutmassungen über Jakob* über den erst posthum veröffentlichten Roman *Ingrid Babendererde. Reifeprüfung 1953* (1985) bis zur *Jahrestage*-Tetralogie. In diesem Roman wird sogar jeder Band mit einem Wassermotiv, also einer stimmungsvollen Beschreibung unterschiedlicher Gewässer – vielfach verbunden mit sehnsuchtsvoller Erinnerung – eröffnet.

Bützowkanal und Flüßchen Nebel, westlich von Güstrow

Die während Uwe Johnsons Kindheit und Jugend vollzogenen Wohn- und Ortswechsel vom vorpommerschen Anklam über das mecklenburgische Recknitz und Güstrow hin zu Rostock eröffneten ihm schon früh unterschiedliche Perspektiven auf Mecklenburg-Vorpommern. In der an der Peene kurz vor der Mündung in die Ostsee liegenden Hansestadt Anklam, der

Die Peene bei Anklam

Min Hüsung 12
in Anklam,
Wohnhaus der
Familie Johnson bis
1945

Geburtsstadt des Flugpioniers Otto Lilienthal, verbrachte Uwe
Johnson seine frühen Kindheitsjahre, über die es wenig zu be-
richten gibt. Er selbst hat sich kaum über jene Zeit geäußert,
auch in seinem Werk findet sie nur geringen Niederschlag.
Zum Germanistikstudium zog es den Abiturienten von
1952 – 1954 nach Rostock, in jene kontrastreiche Ostseemetro-
pole mit Überseehafen und der ältesten Universität Nordeuro-
pas. Nach politischen Konflikten – ausgelöst durch die Wider-
sprüche zwischen Theorie und Praxis – verlegte er 1954 seinen
Studienort von Rostock nach Leipzig, denn Wahrheit und Ge-
rechtigkeit spielten in Uwe Johnsons Leben eine wesentliche
Rolle. Doch Johnson versteht Wahrheit nicht im absoluten
Sinn, davon zeugt seine multiperspektivische Erzählweise. Wie
die Gleise in Jakobs Leben (*Mutmassungen über Jakob*) stellten
diese auch für den Studenten Johnson symbolisch eine kons-
tante Wertvorstellung dar, die sein Leben nachhaltig beeinfluss-
te. *Bereits Mitte der fünfziger Jahre – verwirrte (und amüsierte)
mich seine furchtbar verzwickte Gradlinigkeit* (Günter Grass).
In Moralfragen konnte Johnson zeitlebens keine Laxheit entwi-
ckeln. So kollidierte er nach einer aktiven und engagierten Zeit
als Funktionär der Freien Deutschen Jugend (FDJ) in seiner
Rostocker Studentenzeit mit den politischen Forderungen des
Staates DDR. Er verweigerte sich der Teilnahme an der politischen Hetzjagd gegen Mitglieder der evangelischen Jungen Ge-

8

meinde und warf der FDJ *einen mehrfachen Bruch der Verfassung der Deutschen Demokratischen Republik* vor. Obwohl selbst nicht zur Jungen Gemeinde gehörend, empörte ihn die Vorgehensweise gegen Menschen mit christlichem Glauben. So verwies der Student in einer Rede auf die in der DDR-Verfassung verankerte Glaubens- und Religionsfreiheit und verteidigte auf diese Weise die Rechtmäßigkeit der Jungen Gemeinde. Folge dieser Verweigerung war eine angedrohte Exmatrikulierung, die später – aufgrund der veränderten politischen Bedingungen – nicht umgesetzt wurde. Diese Erfahrungen verarbeitete Uwe Johnson in seinem Erstlingswerk *Ingrid Babendererde. Reifeprüfung 1953*, das zwischen 1953 und 1956 in mehreren Überarbeitungsphasen entstand. Der Roman dokumentiert auf ganz besondere Weise ein Stück DDR-Geschichte. Johnson verlagerte dabei die Geschehnisse in eine Abiturklasse, und literarischer Schauplatz wurde eine Kleinstadt im Mecklenburgischen. In der Beschreibung von Schule und Stadtanlage lassen sich jedoch Uwe Johnsons einstiger Wohnort Güstrow und seine Oberschule, das John-Brinckman-Gymnasium, wiedererkennen.

Güstrow, Ulrichplatz 19, Wohnung der Familie Johnson ab 1950

Hauptgebäude der Universität Rostock

Am südlichen Rand der Stadt hielt sich der dunkle grüne Bogen des alten Walls um die weite freie Fläche eines Platzes, auf dem der Dom breit und zuverlässig lagerte in seinem grossen ausgetrockneten Rot. Über die Bäume am Mittelschiff hob sich der Turm in den Himmel, seine groben Kanten zitterten im Licht.

Die Auseinandersetzungen an der Rostocker Universität animierten Johnson nicht nur zur literarischen Aufarbeitung des Erlebten, sondern sie führten nach der Rücknahme der Exmatrikulation zur Entscheidung, das Studium an der Leipziger Karl-Marx-Universität fortzusetzen. Die alte Heimat gab er jedoch nicht vollständig auf. Denn in der folgenden Zeit pendelte er zwischen seinem neuen Studienort Leipzig und dem einstigen Wohnort Güstrow; auf diese Weise wurde er sehr vertraut mit den Gepflogenheiten der Deutschen Reichsbahn, der Staatseisenbahn der DDR. Nach Abschluss seines Studiums in Leipzig 1956 gelang es Uwe Johnson nicht, eine Anstellung zu finden. Den Grund dafür sah Johnson in der Beurteilung der FDJ-Leitung seiner Seminargruppe für das Ministerium für Kultur, die ihm zwar ausgezeichnete Leistungen bescheinigte, jedoch die Worte *kritisch* und *skeptisch* in Bezug auf die politische Arbeit nannte. Der junge Germanist erhob in einem Schreiben an das Ministerium Einspruch gegen den Zustand der *Arbeitslosigkeit.*

Das Schweigen, das aus dem Ministerium für Kultur erscholl, nachhallend, dröhnend, es war einfach zu übersetzen: Sie können verhungern von uns aus, am steif ausgestreckten Arm der Republik. Sobald Sie sich ein Auskommen gesucht haben im Westen Deutschlands, werden wir Sie des vorhersehbaren Verrats bezichtigen.

Seinen Lebensunterhalt finanzierte er in den folgenden drei Jahren mit Übersetzungen, wissenschaftlichen Hilfsarbeiten und Lektoratsgutachten für Verlage. Ohne Erfolg bot Uwe Johnson sein erstes Romanmanuskript *Ingrid Babendererde* verschiedenen Verlagen der DDR an. Auf Vermittlung seines ehemaligen Leipziger Literaturprofessors Hans Mayer schickte Uwe Johnson seinen Text auch an Peter Suhrkamp nach Frankfurt am Main. 1957 trafen sich der Verleger und der junge Schriftsteller zu einem Gespräch in Berlin, das jedoch mit einem Streit über den in Mecklenburg bekannten, im Frankfurter Raum aber unbekannten Familiennamen ,Babendererde' endete. Das Manuskript des ersten Romans galt lange Zeit als verschollen. Es wurde erst im Nachlass wiederentdeckt und ein Jahr nach dem Tod des Schriftstellers vom Suhrkamp Verlag veröffentlicht. Dass die Herausgabe der *Ingrid Babendererde* scheiterte, bedauerte der junge, angehende Schriftsteller

letztlich nicht, denn er verstand die Arbeit am Roman als „Lehrzeit". Die Veröffentlichung war zwar gescheitert, doch er hatte sein erstes Figurenpersonal und auch sogenannte „Immobilien" gewonnen:

Eine kleine Stadt im südöstlichen Mecklenburg, samt Wallanlagen, Dom, Oberschule, Gastwirtschaft „Zu den drei Raben", Bahnhof, Rathaus, siebzehn Straßen, Seeufer. Dazu: in gutem Zustand eine Havelschleuse, später kenntlich als die von Wendisch Burg. Samt Inventar.

Im März 1959 schickte Johnson sein zweites Buch an den Frankfurter Suhrkamp Verlag. Kurz vor der Veröffentlichung seines Romans *Mutmassungen über Jakob* stieg Uwe Johnson am 10. Juli 1959 in die S-Bahn und fuhr nach West-Berlin. So wurde der westliche Teil Berlins für viele Jahre der neue Lebensmittelpunkt für den jungen Schriftsteller. Auch seine Romanhelden Ingrid Babendererde und Klaus Niebuhr verlassen die DDR, jedoch aus Protest gegen den *behördlich verschärften*

Klassenkampf. In seinen Frankfurter Poetik-Vorlesungen bezeichnete Uwe Johnson den Weggang von Ingrid und Klaus aus der DDR als ein *umsteigen in jene Lebensweise, die sie ansehen für die falsche.* In dieser Beschreibung lassen sich biographische Parallelen feststellen, denn sein Wechsel von Ost nach West bezeichnete Uwe Johnson zeit seines Lebens beharrlich als *Umzug.* Die ursprüngliche Planung, in der DDR zu bleiben und den Roman unter dem Pseudonym Joachim Catt zu veröffentlichen, verwarf Johnson auf Anraten seiner Freunde. Nach seiner Übersiedlung wohnte Uwe Johnson zunächst in Berlin-Dahlem, im Oktober 1959 bezog er dann eine Atelierwohnung in Berlin-Friedenau. Von 1911 bis 1933 nutzte der Maler Karl Schmidt-Rottluff dieses Atelier. Johnson behielt diesen Wohnsitz bis 1974. Er befand sich damit in enger Nachbarschaft zu anderen Berliner Künstlern und Schriftstellern, in deren Kreis er bald aufgenommen wurde. Dazu gehörte auch der Nobelpreisträger Günter Grass, dem Johnson viele Jahre lang freundschaftlich verbunden war. Davon zeugt der Briefwechsel zwischen Uwe Johnson und Anna und Günter Grass. Auch der Schriftsteller Grass ist in seinem Schaffen der Heimat und vergangenen Ereignissen stets verbunden geblieben. In den Werken beider Autoren ist ihre Intention, nämlich das Schreiben gegen das Vergessen, deutlich zu erkennen. Jeder versucht auf besondere Weise, seine eigene literarische Welt mit Leben zu füllen.

Ehemaliger
Grenzwachtturm
bei Dassow

Die Veröffentlichung der *Mutmassungen* brachte ihrem Verfasser einen frühen Ruhm und führte zur Aufnahme in die *Gruppe 47.* Doch sie erschwerte Johnson auch die Einreise in die DDR. Sooft es Uwe Johnson möglich war, bereiste er seine ehemalige, mecklenburgische Heimat. Doch was er fand, war weniger etwas Gegenwärtiges, als vielmehr etwas Vergangenes. Seine biographische Heimat und Heimat vieler seiner literarischen Figuren zeigte sich bis kurz nach 1990 in einer Gestalt, die gleich von zwei Gesellschaftssystemen erzählte. Aus westdeutscher Sicht, die Uwe Johnson durch seine Wohnorte außerhalb

12

der DDR mitbrachte, mutete jede Fahrt durch das alte Mecklenburger Land wie eine Reise in die Vergangenheit an: Kopfsteinpflasterstraßen, kilometerlange, jahrhundertealte Alleen, weitgedehnte Felder zeugten von einer noch nicht autohörigen Gesellschaft.

Von seiner letzten Güstrow-Reise 1983 nahm Johnson zur Erinnerung eine für die mecklenburgische Gegend typische Dachschindel aus Holz mit und beschriftete sie mit *Jerichow 9.8.83.*

Festonallee am Schloss Bothmer bei Klütz

Sie begleitete ihn auch im Herbst 1974 nach Sheerness on Sea auf der Insel Sheppey, einer Kleinstadt in der Mündung der Themse. Max und Marianne Frisch hatten der Familie Johnson den Kauf des Hauses an der Marine Parade ermöglicht. Als Dank versicherte Johnson Max Frisch in einem Brief: *In diesem Haus gibt es ein Zimmer, von dem wir wünschen, Sie würden es benutzen mögen.* In dem Haus auf der englischen Insel verbrachte der Schriftsteller die letzten zehn Jahre seines Lebens, jedoch die alte Heimat durch Landkarten und alte Stiche aus Mecklenburg immer im Blick. Zum Zeitpunkt seines Todes wollte er die Landschaft seiner Jugend vor Augen haben:

Die Wahrheit zu sagen, war ich ja auch bloss gekommen wegen des Ausblicks vom Kamm des Heidbergs, wo ein Abhang sich öffnet, güstrower Kindern wohlbekannt als Schlitten-Bahn, auch dem Auge freien Weg öffnend über die Insel im See und das hinter dem Wasser sanft ansteigende Land, besetzt mit sparsamen Kulissen aus Bäumen und Dächern. Obschon ich dieses Bildes gewärtig zu sein hoffe in der Stunde meines Abscheidens, wäre ich doch verbunden für eine fotografische Ablichtung davon, grade wenn die Sonne düstere Regenwolken zur Seite drängt.

Auf der Halbinsel Schwerin bei Krakow am See

Auch wenn er die neue Heimat nicht als besonders schön beschrieb, so fühlte er sich doch gut aufgenommen und akzeptiert. Einige Gepflogenheiten der Einheimischen ließen in ihm sogar Erinnerungen an Rostock und Warnemünde aufkommen. Am neuen Wohnort wollte Johnson sein *Jahrestage*-Projekt beenden und erhoffte sich zugleich Inspiration für neue Geschichten. Gleichzeitig stellte die Vergangenheit von Sheerness für den Schriftsteller eine besondere Beziehung zu seinen *Jahrestagen* dar, denn sie konfrontierte ihn mit jener Erinnerungsarbeit, die Johnson seiner Hauptfigur Gesine Cresspahl zugewiesen hat.

Jawohl, der Ort ist am Weihnachtstag 1914 als erster in England überhaupt bombardiert worden, während der Schlacht um England zerschlugen die Deutschen den Flughafen der Insel und ein Dorf gleich dazu, auch war dies die Einflugschneise der Nazibomber auf dem Weg nach London [...] .

14

Seit seiner Jugendzeit interessierte sich Johnson nicht nur für Literatur, sondern auch für historische Begebenheiten. Durch die Ereignisse der jüngeren deutschen Vergangenheit sensibilisiert, setzte er sich schon früh mit den Auswirkungen von diktatorischen Maßnahmen und der Frage nach Zivilcourage auseinander. Besonders intensiv beschäftigte er sich aber mit der mecklenburgischen Geschichte, den Traditionen und der Sprache, die er dann in einem größeren Gesamtkontext einarbeitet.

Vogelzug
bei Groß Schwansee

Diese Arbeitsweise spiegelt sich insbesondere in den *Jahresta-gen* wider.

Tut es dir leid um die Farben Blau-Gelb-Rot? Um die Beseitigung des Blau, wegen des goldenen Greifen auf solchem Grunde; für Rostock. Um rot und gold; für Schwerin. Um das Rot, die Zunge des schwarzen Büffelkopfes für das Gebiet Wenden.

Uwe Johnson liebte es, literarisch die Welt im Allgemeinen und die mecklenburgische Welt im Besonderen vorzuführen. Diese intensive Heimatbezogenheit Johnsons und seine sprachliche Akkuratesse sind bis heute im Gedächtnis der Freunde und Schriftstellerkollegen verankert. So erinnert sich auch Günter Grass in seinem Buch *Ein weites Feld* wie folgt:

[...] dabei war alles, was er sagte, zierlich gedrechselt und manchmal von närrisch verkorkster Manier. Entfernt erinnerte er mich an Storm und dessen verbohrte Husumereien, denen seine Güstrowiaden bis ins Schrullenhafte entsprachen.

Landschaft bei Langensee, unweit von Güstrow

Die frühe Trennung des Kindes Uwe von seiner Familie durch den Besuch einer nationalsozialistischen „Deutschen Heimschule" (in Kosten, heute Kościan in Polen), verbunden mit einem Internatsaufenthalt, dann die zeittypische Flucht der Familie Johnson 1945 mit den daraus folgenden Konsequenzen, die Verlegung des Studienortes und später der *Umzug* vom Osten in den Westen, der Veröffentlichung eines Werkes zuliebe, übten eine nachhaltige Wirkung auf seine Persönlichkeit und sein literarisches Schaffen aus. Da er die Städte und Landschaften seiner Kindheit verlassen musste, verstand es Uwe Johnson als ein besonderes Glück für einen Menschen, seine Heimat behalten und in ihr sterben zu dürfen, so jedenfalls äußerte er sich in seiner Erinnerung an den Architekten und ehemaligen Präsidenten der Akademie der Künste Werner Düttmann. Die Erinnerung an die Orte des Aufwachsens, an vergangene Ereignisse und an zurückgelassene Lebenswelten beeinflussten sein Werk ebenso wie die Auseinandersetzung mit aktuellen politischen Entwicklungen vor allem im Zusammenhang mit der deutsch-deutschen Teilung.

Von seiner permanenten Suche nach einer neuen heimatlichen Verwurzelung, nach einer lokalen Gebundenheit und einer inneren Rastlosigkeit erzählen auch die späteren Wohnortwechsel: Leipzig – Berlin – Rom – New York – Berlin – Sheerness on Sea. Der Verlust des Vertrauten, des Herkunftslandes durch die Politik ließ Johnson zu der Erkenntnis gelangen, dass man Heimat immer mit dem Wissen um Abschied erleben muss. Was real verloren gehen kann, muss im Gedächtnis bewahrt werden. Mit seinem Weggang aus der DDR verlor Johnson – wie auch seine Figur Gesine durch ihre Flucht vor dem Sozialis-

Baumallee bei Klütz

mus – seine Heimat und jene dazugehörige Sprache. Und Johnson war sich durchaus der Tatsache bewusst, dass die einstige Zugehörigkeit auch durch unzählige Besuche in der ehemaligen Heimat nie wieder erreicht werden kann. Sie bleibt unwiederbringlich verloren. Entgegen der Frage seiner Figur Ingrid Babendererde *Wann hat Mecklenburg eigentlich aufgehört?*

In Krakow am See hat Uwe Johnson nie mit dem Thema Mecklenburg abgeschlossen. Ihn hat stets die Frage begleitet: Woher kommt eine Person, und was hat sie zu dem gemacht, was sie heute ist? Je weiter sich der Schriftsteller räumlich von seiner Heimat entfernte, desto mehr bemühte er sich um die Rekonstruktion der heimatlichen Orte in der Erinnerung. Günter Grass beschrieb Johnsons Bemühen und Suche in seinem Abschied von dem Schriftsteller so:

Doch er, der akkurate, disziplinierte und geradezu penible Arbeiter am Manuskript führte ein Leben, das nicht frei war von selbstzerstörerischen Zwängen. Es mag aber sein, dass ihn die Unbedingheit seines Heimwehs nach Mecklenburg verzehrt hat.

In der Suche erinnerte sich Johnson an fremden Orten der Heimat. Fern von Deutschland, während seines New York-Aufenthaltes, fand er in der Landschaft Staten Islands sein Mecklenburg wieder: *Hier hast du Leben auf dem Lande, Mecklenburg, California [...]*. Immer wieder finden sich in seinen Werken solche Sequenzen. So öffnet sich zum Beispiel in seinen *Jahrestagen* an den Stränden New Yorks der Erinnerungsraum Mecklenburg:

Das ist mehr als 6000 Kilometer. Das ist wendische Gegend, Mecklenburg, an einer anderen Küste. Dort habe ich gelebt, für zwanzig Jahre.

Diese Bilder zeugen von der Sehnsucht nach der langweiligen Landschaft, in deren Niederungen sich das Wasser sammelt und deren Auf und Ab mit den Ereignissen in einem individuellen Leben korrespondieren. Der natürliche, beinahe ursprüngliche Zustand der Wälder, Chausseen und kleinen Orte in Mecklenburg stellt eine alternative Lebenswelt dar, die als Gegensatz zu den künstlich entstandenen, hochmodernen und lauten Großstädten zu sehen ist. Insbesondere das Kapitel vom 17. August 1968 im vierten Band der *Jahrestage* erzählt von einer intensiven Auseinandersetzung mit dem *Heimweh*.

Mecklenburg – Landschaft der Erinnerung

Schriftsteller fühlen sich meist zu Orten und Landschaften hingezogen, in denen sie verwurzelt sind. Besonders prägend wirken sich gerade die zeitlich begrenzten Lebensräume auf Künstler und ihr Werk aus. Die tiefe Verbundenheit mit solchen Orten oder Landschaften hat nicht nur ein existentielles Ortsgefühl zur Folge, sondern verwandelt reale Landschaften in besondere Seelenlandschaften. Orte und Landschaften werden zu Handlungsräumen in der Literatur, zu literarischen, symbolträchtigen Plätzen. Diese werden dann als detailliert beschriebene Objekte, angereichert mit realen, dem Leser vertrauten Elementen, als Instrument erzählerischer Plausibilität eingesetzt. So verfährt auch Uwe Johnson.

Es ist nicht mehr, als dass ein erzählendes Buch ein Modell der Welt anbietet, Geschichten als Beispiele, die Welt in der Version des Verfassers, Lesern vorgelegt zum unterhaltsamen Vergleichen mit ihrer eigenen Version.

Johnson nutzte die spezifische Möglichkeit des Mediums Literatur, Selbstbilder, Vergangenheitsvisionen sowie Erinnerungs- und Identitätskonzepte durch ästhetische Formen zu inszenieren. Er begriff das Geschichtenerzählen als eine Möglichkeit, ein gesellschaftliches Modell zu konstruieren, dass mit Personen und individuellen Eindrücken belegt ist: *Und insofern ist der Vorgang des Erfindens eigentlich ein Erinnerungsvorgang.* So wird in Johnsons literarischem Werk Mecklenburg gleichermaßen zum erzählten Ort, zum erinnerten Ort und zu einem literarischen Erinnerungsort. Biographische, topographische und historische Erinnerungen sind ein evidenter Bestandteil von Johnsons Prinzip des *tatsächlichen Erfindens.* Da jedes Erinnern ein kreativer und schöpferischer Akt ist, verfährt auch der Schriftsteller Johnson selektiv, indem er aus der Fülle der Ereignisse nur einige Elemente herausgreift. Im Vordergrund steht sein Bestreben, sich Ereignissen einer vergangenen Wirklichkeit anzunähern, doch er weiß auch um die Schwierigkeiten dieses Unterfangens. Dieses Wissen gibt er an seine Hauptfigur Gesine weiter, in den *Jahrestagen* heißt es dann: *Erinnerung baut an: sagen die, die nochmal zurückgegangen sind.* Ein Teil dieser Rekonstruktion ist Mecklenburg, dessen Welt dem Schriftsteller als Gerüst für seine fiktive Erzählwelt dient. Untermauert wird Johnsons literarische Rekonstruktion nicht nur durch die Darstellung regionaler und zeittypischer sozialer Verhältnisse und Beziehungen, sondern auch durch die Einbeziehung der regional verankerten Sprache.

Hamburg, Lübeck, Bre-men,
die brauchen sich nicht zu schä-men;
Jerichow is vael to lütt:
Dor schitt keen Düvel, wenn he nich mutt-.

Für den Schriftsteller mit seiner pommerschen und mecklenburgischen Vergangenheit war das Mecklenburger Platt der Ausdruck tiefer Heimatbezogenheit. Es rief für ihn auf besondere Weise Gefühle und Erinnerungen hervor. Schon früh hat

er sich bemüht, das Plattdeutsche richtig zu erlernen. Er ent-
wickelte sogar eine besondere Art zu erzählen: Johnson flocht
in seine Reden nicht nur englische Wörter ein, sondern es kam
stets auch ein plattdeutscher ‚Schnack' hinzu. So schuf er für
sich eine eigene Sprache aus Hochdeutsch, Mecklenburger
Platt und englischen Vokabeln. Seine guten Englischkenntnis-
se verdankte er zum einen seinen Güstrower Lehrern, zum anderen seiner Rostocker Vermieterin Alice Hensan, Jahrgang

Bauernhäuser
bei Groß Schwansee

1900. Die Tochter einer Engländerin unterstützte den literarisch und sprachlich ambitionierten Studenten, indem sie mit ihm englische Konversation betrieb und ihm ihre umfangreiche Bibliothek, in der sich auch Bücher des von Johnson hoch geschätzten Schriftstellers William Faulkner befanden, zur Verfügung stellte.

Insbesondere in den *Jahrestagen* arbeitete Johnson die sprachliche Vielfalt sowie die Wortkargheit, das vielberufene mecklenburgische Charakteristikum, mittels der plattdeutschen Sprache sehr genau heraus. Seine Mecklenburger Figuren sind daher oft wie er *von schwer vorhersehbarer Eigenwilligkeit*, schweigsam und zurückgezogen. So spiegelt beispielsweise auch das Verhalten von Gesines Tochter Marie *Mecklenburgisches, Ironie in Schiefhalsigkeit, durch Kopfsenken verkanteten Blick, steinerne Versteckmiene, überhaupt das Anschlägige, das Schabernacksche* wider. Diese Beschreibung Maries zeigt deutlich, dass Johnsons erfundene Figuren für den Schriftsteller beinahe wirkliche Personen waren. Er verstand dies im Sinne von Erinnerung an abwesende Menschen, die Erinnerung an deren Eigenarten, Gewohnheiten oder Lebensumstände.

Uwe Johnson rekonstruiert nicht nur Landstriche seiner einstigen Heimat, sondern auch deren Geschichte. Die Heimat ist der *Ort, wo die Toten sind*. Die Toten aus Jerichow, Gneez, Rande und anderen Orten verständigen sich mit den Lebenden, erinnern Vergangenes und kommentieren Gegenwärtiges. Die von ihm heraufbeschworenen Erinnerungsbilder dienen nicht allein der individuellen Aufarbeitung, sondern sie wirken auch auf die Erinnerungskultur der Gesellschaft. Der „Erzähler Mecklenburgs" stellt sich damit dem Problem des Umgangs mit der jüngeren deutschen Geschichte. Die eigene Biographie und die der Elterngeneration liefern dabei wichtige Fakten für das fiktive Geschehen. In den *Jahrestagen* nähert sich die im New York der sechziger Jahre lebende, aber aus Mecklenburg stammende Hauptfigur Gesine Cresspahl erzählend der Rekonstruktion der deutschen Geschichte und der Schuld der Deutschen am Beispiel ihrer Familie an. Das Erzählen soll Erinnerungen wecken und wird für die Hauptfigur zur Selbstvergewisserung und Auseinandersetzung mit vier erlebten Gesellschaftssystemen. Erst dadurch kann Gesine Cresspahl sich selbst finden und in der Gegenwart positionieren.

Klütz, Uwe Johnsons
Jerichow

[...] ihr kam es an auf eine Funktion des Gedächtnisses, die Erinnerung, nicht auf den Speicher, auf die Wiedergabe, auf das Zurückgehen in die Vergangenheit, die Wiederholung des Gewesenen: darinnen noch einmal zu sein, dort noch einmal einzutreten. Das gibt es nicht. Daß das Gedächtnis das Vergangene doch fassen könnte in die Formen, mit denen wir die Wirklichkeit einteilen! Aber der vielbödige Raster aus Erdzeit und Kausalität und Chronologie und Logik, zum Denken benutzt, wird nicht bedient vom Hirn, wo es des Gewesenen gedenkt.

In ihren Geschichten vergegenwärtigt Gesine sich und der Tochter Marie das Mecklenburg der dreißiger, vierziger und fünfziger Jahre, dabei werden die Gedanken an die einstige Heimatstadt Jerichow ständig von den Ereignissen in der neuen Heimat New York unterbrochen. Dabei liefern Begebenheiten aus der amerikanischen Gegenwart Anstöße zum Heraufbeschwören vergangener Ereignisse. Eine ausgebrannte Häuserzeile in Washington ruft zum Beispiel die Assoziation zum Krieg und zu den Kriegserlebnissen Gesines in Deutschland hervor.

Das Erinnern der deutschen Geschichte des letzten Jahrhunderts bedarf des Dialogs und des Durchbrechens von Vergangenheit und Gegenwart. Denn durch das Gespräch mit der Tochter und das Erzählen kommt die Hauptfigur längst vergessen geglaubten Geschehnissen auf die Spur und beginnt auch die *Tricks der Erinnerung* zu durchschauen. Diese Mehrdeutigkeit, das Ineinanderfließen von tatsächlich Erlebtem und Erfundenem sowie das Unberechenbare im Erinnerungsprozess symbolisiert in den *Jahrestagen* die Katze:

Die Katze Erinnerung, wie du sagst. Ja. Unabhängig, unbestechlich, ungehorsam. Und doch ein wohltuender Geselle, wenn sie sich zeigt, selbst wenn sie sich unerreichbar hält.

Reale Landschaften und fiktive Orte werden so Teil der Handlung. Mehr als nur Handlungskulisse, dokumentieren sie eine für den Schriftsteller besondere topographische und gesellschaftliche Realität. Die Heimat ihrer Kindheit, erhält sich Gesine durch Erzählen erinnernd im Gedächtnis.

Jerichow war früher eine Bauernstadt gewesen und zumeist im Eigentum einer einzigen Familie von Adel: das waren tausend und ein Haus an der mecklenburgischen Ostseeküste, wohin der Wind grau und rauh kam das ganze Jahr...; zum Strand war es eine Stunde zu gehen, am Bruch entlang und dann zwischen den Feldern.

Die Anbindung der Figuren an geographisch fixierbare Orte, deren Fiktivität dennoch gewahrt bleibt, ist für Uwe Johnson eine Notwendigkeit, um sich Themen, Personen, Orten und Ereignissen adäquat anzunähern. Subjektives Erinnern wird mit regionalen Materialien angereichert, die das reale, vorfindbare Mecklenburg bestätigen. Dazu gehören authentische Örtlichkeitsnamen wie „Fischland" und „griese Gegend" – dies ist die ehemalige Heidelandschaft, die man im Südwesten Mecklenburgs im Landkreis Ludwigslust findet – ebenso wie die lokalhistorische Geschichte sowie besondere regionale Ereignisse wie der *Wollmarkt in Güstrow* und der *Heitweckenmarkt in Malchow.*

Die Wiederauferstehung seiner mecklenburgischen Kindheitswelt diente Johnson als ein literarisches Mittel, eine erfundene Geschichte so mit Leben zu füllen, dass der Leser Neues erfährt und die vom Schriftsteller angebotene *Version von Welt* mit seiner Sicht vergleichen kann.

[...] ob dann eine Meinungsänderung dabei herauskommt, das ist erstens nicht nachweisbar und zweitens nicht die wichtigste Wirkung von Literatur.

Doch auch Johnson gelang es nicht, sich der Erkenntnis zu entziehen, dass Erinnerungen wie Katzen unabhängig und schwer fassbar sind. Die *Katze Erinnerung* ist nicht beeinflussbar, man kann sich ihr nur Stück für Stück annähern. Schreibend spürte Johnson auf beeindruckende Weise unter anderem jenem dunklen Kapitel in der deutschen Geschichte nach, welches seine Generation nachhaltig geprägt hat.

Jerichow in Mecklenburg – Eine Spurensuche

Wer den Spuren Uwe Johnsons und seiner Figuren folgen will, der kommt nicht umhin, einen Ausflug nach Mecklenburg-Vorpommern zu unternehmen. Nicht nur die biographisch besetzten Orte wie Anklam, Recknitz, Güstrow oder Rostock, sondern auch jene Orte, die man nur in den Texten des Schriftstellers finden kann, laden zu einer Spurensuche ein. Denn Johnsons Mecklenburg ist eine literarische Landschaft, deren Städte und Gegenden in der Regel erfunden bzw. verfremdet worden sind, aber manchmal mit realen, geographischen Kennzeichen angereichert wurden. Die Gegenden, die

Klütz, Schloßstraße
und St. Marien-Kirche
Wismarsche Straße,
Ecke Predigerstraße

Johnson bei der Erfindung seiner literarischen Orte vor Augen hatte, liegen topographisch an ganz verschiedenen Koordinaten in Mecklenburg.

Und da ich fand dass der Laut dieses Namens an der Ostsee angenehm blaugrau (etwas als Luft und Fischgeruch) auf der Zunge liegt, habe ich mir ein Jerichow aufgebaut an der Ostsee; es ist besser, da gibt es auch eins.

Der Schriftsteller hat ein für den Leser unterhaltsames Spiel betrieben, schreibend eine *Welt gegen die Welt zu halten*. Johnson verknüpfte auf künstlerisch einmalige Weise historische Daten, biographische Details und topographische Gegebenheiten mit fiktionalen Orten, Figuren und Ereignissen. Aus diesem Nebeneinander entstanden Geschichten, die ein individuelles Schicksal mit den politischen Verhältnissen der Zeit verbindet. Das Erzählte als Möglichkeit der Realität zeigt die *Geschichte als Entwurf*.

Das ist meine Arbeitsweise: Ich dokumentiere die Gegenstände, die ich in meinen Büchern vortrage, indem ich sie aufsuche, damit die Geschichte auch an dieser Stelle einiges an Wahrheit aufweist.

Exemplarisch für die Verbindung von epischer Fiktionalität und topographischer Dokumentation ist Uwe Johnsons vierbändiges Prosawerk *Jahrestage. Aus dem Leben von Gesine Cresspahl*. Mit Johnsons *Tatsächlichen Erfindungen* wirkt die erzählte Welt mit ihren erfundenen Figuren gegenwärtig, real und fiktional zugleich:

Für mich ist das die Beschreibung von Stücken eines Lebens, eines für mich wirklichen Lebens.

Reale Einzelheiten fließen dabei als Versatzstücke in den Erzähltext ein und führen zu einem einzigartigen Leseerlebnis. Ein besonderer Johnsonscher Literatur-Ort – neben den mit der Biographie des Schriftstellers verbundenen Städten Güstrow und Rostock – ist Klütz. Sein literarisches *Jerichow* – Gesines Heimatstadt – ist zwar ein fiktiver Ort, den der Schriftsteller jedoch mit genauen geographischen Angaben versehen hat. Auch die mögliche Realität musste bei Johnson, anders als bei anderen Autoren, faktisch korrekt sein. Jene Daten und Details, die Johnson den Lesern seiner Werke präsentiert, wur-

den stets sorgfältig von ihm recherchiert. Für diese Art von In Klütz Zuverlässigkeit fühlte er sich als Schriftsteller verantwortlich. Die besondere Herangehensweise an eine Geschichte machte eine akribische Recherche notwendig, die ihm seine umfangreiche Arbeitsbibliothek – sie umfasste ca. 4000 Bände – erleichterte. Dazu gehörten unter anderem 134 Lexika, diverse Zeitschriften (darunter 153 Ausgaben des *Spiegel*), ca. 600 Bücher über Mecklenburg und die mecklenburgische Geschichte,

271 Bücher über Berlin, 272 Bücher über die Vereinigten Staaten von Amerika sowie 13 Ordner mit Ausschnitten der *New York Times* und 261 Bücher über England. Darüber hinaus sammelte Uwe Johnson auch Kurs- und Telefonbücher, Stadtpläne und Stadtführer und vieles mehr. Neben seiner Bibliothek und den Archiven nutzte er auch Reisen durch Mecklenburg sowie die Befragung von Zeitzeugen zur Rekonstruktion seiner literarischen Welt: Heimatkunde, betrieben als Recherche für seine Texte. Was Johnson nicht selbst durch intensive Archivarbeit und eigene Erinnerungen ermitteln konnte, versuchte er über Gesprächs- und Briefpartner, die die geographische und politische Welt seiner Figuren kannten, zu erfahren. An einige seiner Briefpartner schickte er sogar eine Liste von Fragen, die durch Besuche vor Ort möglichst genau beantwortet werden sollten. So bat er Brigitte Zeibig in einem Brief vom 13. Dezember 1969 um folgende Beschreibungen:

Ins beste Hotel bitte. Wie heissen die Hotels da so. Von Anmeldung bis Abreise, was fällt Ihnen auf? [...] Fallen Sachsen dort auf? [...] Strassenbild: Verhältnis der Eleganz zu Potsdam oder Berlin. Sieht man noch alte Frauen mit Kopftuch und Gummistiefeln? Steht da ein Denkmal für Körner, oder sonst wen? Gibt es Zeitungskioske ausser in Post und Bahnhof? Wie ist die Strasse beleuchtet? Was für Frisuren sind da Mode? Trifft man auf Halbstarke? Wie ist die Versorgung mit Bedürfnisanstalten? Sieht man Pferdefuhrwerke oft? [...] Geschäfte: Ist das Meiste schon aus Plastik? Welche Branchen sind durch eigene Läden vertreten? Sind die Schilder bemalte Holzplatten oder Neontransparente? Gibt es in der Fleischerei noch Sägemehl auf dem Fußboden? Wird für Teilzahlung geworben? Warum würden Sie da nicht für Geld und gute Worte leben wollen?

Auch für die Gestaltung des Ortes *Jerichow*, der bereits in den *Mutmassungen über Jakob*, später auch in den *Jahrestagen* Ausgangspunkt des Erzählens ist, ließ sich Uwe Johnson reale mecklenburgische Kleinstädte beschreiben. Klütz hielt er in diesem Zusammenhang für besonders geeignet. Gleich auf den ersten Seiten der *Jahrestage* verankert er jenen fiktiven Ort im nordwestlichen Mecklenburg, dessen Geschichte – die kurze Besatzungszeit der Amerikaner und Briten, die ihren Teil von Mecklenburg dann jedoch der russischen Besatzungsmacht überließen – durch die Wirklichkeit verbürgt ist. Der Beschreibung nach liegt Jerichow genau dort, wo im nordwestlichen Mecklenburg die kleine Stadt Klütz zu finden ist:

[...] einwärts der Ostsee zwischen Lübeck und Wismar gelegen [...] und eine[r] Kirche aus der romanischen Zeit, deren Turm mit einer Bischofsmütze verglichen wird [...].

Auf diese Weise diente die Stadt Klütz in vielen Dingen, wie zum Beispiel ihrer geographischen Lage, der Stadt- und Kirchengeschichte, der Architektur und auch der Wirtschaftssituation als Modell für Johnsons fiktiven Ort Jerichow. Darüber hinaus ordnete Johnson seiner literarisch-fiktiven Stadt Gneez und dem Fischerdorf Rande u.a. Merkmale der Städte Güstrow, Grevesmühlen und des Ostseebades Boltenhagen zu. So entspricht die Topographie von Alt-Gneez, das in den *Jahrestagen* als *Versuch eines frühen Mathematikers, aus vielkantigen Brettchen ein Vieleck zu bilden* beschrieben wird, der alten Güstrower Stadtanlage. Die Entwicklungs Boltenhagens vom einstigen Fischerdorf zum gut besuchten Ostseebad erhält das *Seebad der Werktätigen*, Johnsons literarisches *Rande*. Das ehemalige Militärgelände des Seebades findet sich im *Flughafen Jerichow-Nord* wieder. Jerichows Rathaus dagegen lässt sich aufgrund der Beschreibung der Architektur in Grevesmühlen vermuten. Auch Mecklenburger Bahnhöfe spielen in Uwe Johnsons Werken eine besondere Rolle. So lässt er Jakob

Bahnhof Klütz

An der stillgelegten
Bahnstrecke
Klütz – Grevesmühlen

Abs, die Hauptfigur der *Mutmassungen über Jakob*, auf dem Jerichower Bahnhof als Rangierer arbeiten. Sogar die ehemalige Bahnverbindung zwischen Klütz und Grevesmühlen mit dem *Klützer Kaffeebrenner* findet Einzug in die *Jahrestage* und macht aufgrund der genauen Angaben die Fahrt mit dem *Milchholerexpress* auf der *Stichstrecke Jerichow – Gneez, 19 Tarifkilometer, vier regelmäßige Zwischenhalte und einer auf Verlangen, nach dem Fahrplan 41 Minuten, damals etwa eine Stunde* nachprüfbar. Im Winterfahrplan 1946/47 der Deutschen Reichsbahn ist sie wiederzufinden. Einen ähnlichen Wiedererkennungswert hat Johnsons ehemalige Oberschule, an der er sein Abitur ablegte, im Roman *Ingrid Babendererde*:

Die Schulstraße lief längs des Domplatzes neben niedrigen hitzeharten Häusern, überbrückte den hier ziemlich breiten Stadtgraben und hielt am Wall an vor einem tüchtigen ordentlichen Gebäude mit drei Fensterreihen übereinander und zwei leeren Fahnenstangen vor einem großen Eingang. Der lange Streifen Sandsteins in dem endlosen tiefroten Gemäuer sagte dies sei die Gustav Adolf-Oberschule.

Auch die Beschreibung der Aula dieser Oberschule lässt den Kenner der Örtlichkeit in das Güstrower Gymnasium zurückkehren. Die Schule trägt den Namen des plattdeutschen Dichters John Brinckman, der nach einigen Jahren in Deutschland einen Neuanfang in Amerika versuchte. Doch auch ihn führte

Das John-Brinckman-Gymnasium mit der Aula

seine Sehnsucht nach Mecklenburg letztlich in die alte Heimat zurück. Seit dem 20. Juli 2006 findet der Johnson-Begeisterte zwischen Gymnasium und Dom eine Stele des Bildhauers Wieland Förster, die an den prominenten Bewohner der Stadt erinnert, in der Johnson von 1946 bis 1956 lebte. Uwe Johnsons langjähriger amtlicher Wohnsitz Güstrow erhielt 1228 das Stadtrecht. 35 Kilometer vor den Toren Rostocks gelegen, war die Kreisstadt u.a. die Heimat John Brinckmans und des Expressionisten Ernst Barlach (1870-1938). Güstrow hat Uwe Johnson geprägt wie keine andere Stadt. An diesem Ort verbrachte er seine Jugend, legte seine Reifeprüfung ab und begann im Alter von 19 Jahren seinen ersten Roman zu schreiben. In Güstrow begann Johnson, sich für Politik und Kunst zu interessieren. Hier lernte er das Werk Ernst Barlachs kennen und lieben. Am Güstrower Inselsee – Ort vieler Freizeitaktivitäten Johnsons – lag das Atelierhaus des großen Bildhauers und Schriftstellers. An der *Gertrudenkapelle*, die in Johnsons Abiturjahr 1952 renoviert und als Barlachgedenkstätte hergerichtet wurde, führte sein täglicher Schulweg vorbei. Seiner Meinung nach hat die einstige Missachtung Barlachs durch einige Güstrower dem Ansehen der Stadt geschadet. Über Barlachs Romanfragment *Der gestohlene Mond* schrieb er 1956 seine Examensarbeit. Die Werke Barlachs wirkten so nachhaltig auf Uwe Johnson, dass er dem

Künstler in seiner Tetralogie literarisch ein Denkmal setzte. Die Plastiken Barlachs begleiteten in unterschiedlicher Art und Weise den Schriftsteller und seine Hauptfigur aus den *Jahrestagen* ein Leben lang.

Während seiner Güstrower Oberschulzeit engagierte sich Uwe Johnson in der neuen sozialistischen Jugendorganisation FDJ. Dieser Umstand und seine guten schulischen Leistungen führten zur Berufung zum „Org.-Leiter" der Zentralen Schulgruppenleitung. Als dieser war er für die Organisation von Schüleraktivitäten unterschiedlichster Art verantwortlich. Dazu gehörten nach Johnsons eigener Aussage nicht nur das Führen von Mitglieder- und Anwesenheitslisten, sondern ebenso die Organisation von Ernte-Einsätzen und *die Suche nach den Kartoffelkäfern, die Flugzeuge der U.S.A. auf Beschluss der Regierung der D.D.R. seit dem Frühjahr 1950 auch über Mecklenburg abgeworfen haben.* Im Rahmen dieser Tätigkeit machte der Schüler auch erste Bekanntschaft mit der *verkleideten Neugier der Staatssicherheit.* Er suchte sogar *in den sicheren Häusern des Volkseigenen Betriebes Horch & Greif* nach verschwundenen Schülern. In einer kleinen Inszenierung parodierte Johnson zusammen mit einigen Klassenkameraden die Aktivitäten gegen die ‚imperialistischen' Kartoffelkäfer. Dabei nahmen sie auch Bezug auf die Anfang der fünfziger Jahre durchgeführten Schauprozesse gegen Jugendliche, von denen

auch einige Güstrower „Brinckmänner" waren. Von seinen Mitschülern erhielt er in dieser Zeit den Spitznamen *Spitta*, denn er glich auf vielerlei Art der gleichnamigen Figur aus Gerharts Hauptmanns Schauspiel *Die Ratten*. Ein hagerer junger Mann mit Brille, der durch seine Wortgewandtheit auf sich aufmerksam machte. Als Chorsprecher reimte er oft aus dem Stegreif zur Unterhaltung des Publikums und der anderen Schüler. In Erinnerung geblieben ist er hierbei als unvergesslicher Vorleser seiner Texte mit beeindruckender Bassstimme. Berühmt-berüchtigt waren seine Diskussionen mit Lehrern und Schülern, aus denen er meist als Sieger hervorging. Seine kurzen, aber oft spitzfindigen Bemerkungen brachten sein Gegenüber zum Verstummen. Auch wenn diese Eigenart nicht immer auf eine positive Resonanz stieß, so erinnert man sich heute noch an seine Hilfsbereitschaft und Kameradschaftlichkeit. Er beteiligte sich an den gemeinsamen Schulaktionen, auch unterstützte und erheiterte er die Klassengemeinschaft mit seinem sprachlichen Können, zum Beispiel bei sogenannten Agitationsaufgaben, die die Schüler erarbeiten sollten. Dies übernahm Uwe Johnson gern für die Klasse, die sich manches Mal schwer damit tat. Mit Leichtigkeit entwarf er in kurzer Zeit sprachlich brillante Texte zu gestellten Themen. Heute noch erinnern sich ehemalige Schulkameraden und spätere Kommilitonen an seine ironischen und manchmal auch

Uwe Johnsons Klassenzimmer mit Blick auf den Güstrower Dom

Pausenjux.
Uwe Johnson (links)
mit Klassen-
kameraden, um 1950

zynischen Äußerungen, seine Belesenheit und seine Distanz. Groß, hager und mit einer Pfeife im Mund stand er stets nachdenklich und beobachtend neben den Agierenden. Er selbst blieb dabei abseits des Geschehens, nur manchmal präsentierte er Auszüge aus seinen literarischen Arbeiten. Trotz seiner Hilfsbereitschaft und der künstlerischen Aktivitäten blieb Uwe Johnson während seiner Güstrower Schulzeit und Rostocker Studentenjahre meist ein Außenseiter. Erst in Leipzig traf der lang aufgeschossene, hellblonde Germanistikstudent auf Gleichgesinnte. Der dort schon bestehende Freundeskreis um Manfred Bierwisch (Jake), Klaus Baumgärtner (James), Eberhardt Klemm (Bela) und Joachim Menzhausen (James) erkannte die Besonderheit des ungewöhnlich wirkenden, norddeutschen Kommilitonen. Von ihnen erhielt er ebenfalls einen Spitznamen. Nun hieß er nicht mehr Spitta, sondern *Ossian*, entsprechend seinen literarischen Aktivitäten. Die ihm bereits als Schüler bescheinigte Distanziertheit behielt Uwe Johnson auch als erfolgreicher Schriftsteller bei. Dies beschrieb Hans Werner Richter, der Begründer der *Gruppe 47*, sehr eindrucksvoll in seinen Erinnerungen:

Ob wir in dieser Zeit wirkliche Freunde wurden, kann ich nicht sagen, vielleicht konnte er mit niemandem befreundet sein, er lebte in sich selbst, war kontaktarm und konnte nur selten aus sich herausgehen. Das änderte sich nur, wenn wir beim zweiten Kasten Bier angekommen waren, denn er trank viel, sehr viel mehr, als ich vertragen konnte.

Wie problematisch Johnsons Lebensumstände auch waren und so schwierig er als Mensch und Schriftsteller gewesen sein mag, so war er nicht ohne Humor. Nur war es ein schwer erkennbarer Humor, der andere leicht irritieren konnte. Uwe Johnson sah sich selbst als verkannten Humoristen. Meist amüsierte er sich auf hintergründige Weise. Davon zeugen neben den Aussagen von Freunden auch heute noch seine Werke.

Ein besonderes Leseerlebnis beschrieb der Schriftsteller, Satiriker und Maler Robert Gernhardt in seiner *Uwe Johnson-Reminiszenz*:

[...] Johnson trug seinen Text mit einer Unbedingtheit und Hingabe vor, die mitreißend waren: Ich erinnere mich an eine auf- und abschwellende Sprachmelodie, die hier und da in schieren Gesang mündete. Nicht alles war verständlich, doch das machte nichts, angesichts dieser geradezu elementaren Lesung: Da las einer seinen Text nicht ab, er trug ihn auch nicht vor; er erweckte ihn zum Leben. Oder war es so, daß der Text seinerseits den Verfasser zur Verlebendigung hinriß? Auf jeden Fall war von einem Schreckensmann angesichts dieses inspirierten Vortragenden nichts zu spüren. Täusche ich mich, wenn ich mich zu erinnern glaube, hier und da gelacht zu haben?

Uwe Johnsons besonderer, hintersinniger Humor findet sich in jenen kurzen Texten wie den Fernsehrezensionen für die Westberliner Zeitung *Tagesspiegel* aus dem Jahr 1964 ebenso wieder wie in Teilen der *Jahrestage* (zum Beispiel in den Briefen Gesines an ihre Freundin Anita).

Der „Kartoffelkäferprozeß", ein Schülerulk, 1950 Der vierte von links ist Uwe Johnson, sitzend.

Johnsons einzigartiger Erzählstil führt dazu, dass der Leser am Ende alles ihm im Roman Berichtete für tatsächlich geschehen annehmen muss. Unterstützt wird die Illusion von Wirklichkeit durch die bewusste Bezugnahme auf eine wirklich vorfindbare Landschaft, die den Leser häufig zur Suche nach den Orten wie Gneez, Rande, Jerichow etc. verführt. Aber Johnsons mecklenburgische Städte bleiben trotz der realen Verankerung imaginär. Es sind literarische Orte, die einem Abgleich mit der Realität nicht standhalten.

Bei Krakow am See

In seinen Werken stehen die realen Städte wie Schwerin, Sternberg, Malchow, Krakow am See, Malchin, Damshagen, Klütz, Dassow, Lübeck, Wismar gleichwertig neben den fiktiven Städten wie Gneez, Jerichow, Rande, Wendisch Burg.

Da die beiden Weltreisenden Klützer gewesen waren, gab er zu, dass er auf dem Fußmarsch von Wismar her gegen Mitternacht am Nordende der Wohlenberger Wiek gewesen sei und dort mit dem Westwind die Glocken von Klütz gehört habe.

Die wirklich existenten machen durch ihre Authentizität die anderen ebenso glaubhaft. Orte und Landschaften verwandeln sich durch Uwe Johnsons Texte von Ausflugszielen wie zum Beispiel „Moorhof, Wallensteins Lager, Gespensterwald, Forsthaus Markgrafenheide" in literarische Wegmarken durch das Küstenland.

Der erste Anblick von unruhigem Grau war später die Ostsee in der wismarer Bucht.

Anspielungen in den *Jahrestagen* wie *Manchmal, und öfter, benähmen sich die Jerichower als wären sie Klützer* und *In diesem Winkel fiel das Wunderliche nicht als wunderlich auf* zeigen, dass die Texte Johnsons Versatzstücke vieler Realitäten in sich vereinen und auf diese Weise eine neue – literarische – Welt entstehen lassen: *Es ist ein Stück Herkunft unkenntlich gemacht worden.* Dennoch ist es für den Leser faszinierend zu entdecken, wie eine bestimmte Gegend sich im Werk des Schriftstellers wiederfindet. Scheinbar real und dennoch irreal verschwimmen die Grenzen zwischen Tatsächlichem und Erfundenem. Die verschiedenen Erzählwelten sind dabei stets eng miteinander verbunden und gehen manchmal sogar ineinander über. Diese fließenden Übergänge werden häufig durch räumliche Wahrnehmungen initiiert.

Das Fischland ist das schönste Land in der Welt. Das sage ich, die ich aufgewachsen bin an einer nördlichen Küste der Ostsee, wo anders. Wer ganz oben auf dem Fischland gestanden hat, kennt die Farbe des Boddens und die Farbe des Meeres, beide jeden Tag sich nicht gleich und untereinander nicht. Der Wind springt das Hohe Ufer an und streift beständig über das Land. Der Wind bringt den Geruch des Meeres überallhin. Da habe ich die Sonne vor mir untergehen sehen, oft, und erinnere mich an drei Male, zwar unbeholfen an das letzte. Jetzt sackt das schmutzige Gold gleich ab in den Hudson.

Die Beschäftigung mit der jüngeren deutschen Geschichte ist eine unabdingbare Notwendigkeit für Johnsons Bestreben, die geschehenen Ereignisse zu begreifen und anschaulich zu machen. Die Aufarbeitung der Vergangenheit, explizit die Auseinandersetzung mit dem Holocaust, erhält vor allem in den *Jahrestagen* einen besonderen Stellenwert.

Er [d.i. Uwe Johnson] hat sich auf diese eine [d.i. Gesine Cresspahl] eingelassen auch unter dem Vorbehalt, dass sie an den Verbrechen der Deutschen gegen die Juden noch beteiligt ist, und sei es als Angehörige der Kindgeneration nach der schuldigen, und weil er ihre Ratlosigkeit gegenüber der so genannten 'jüdischen Frage' begreift, besser als das Verhalten zu vieler ihrer Altersgenossen im westlichen wie östlichen Staat deutscher Nation.

In Form des assoziativen Überblendens verknüpft sich das Gegenwartsbild in Gesines Bewusstsein mit einem Bild aus der mecklenburgischen Vergangenheit. Das Herantasten an das Vergangene über aktuell vorhandene Bilder ist für Johnsons Figur eine notwendige Grundvoraussetzung für das Verstehen von Vergangenheit, Gegenwart und Zukunft. In diesem Zusammenhang spielen auch diverse Kriegsereignisse eine wichtige Rolle. So ist die Thematisierung der Geschichte der deutschen Konzentrationslager während und nach dem Zweiten Weltkrieg am Beispiel des Kriegsgefangenenlagers *Fünfeichen* bei Neubrandenburg für Johnson exemplarisch.

Hier liegt Fünfeichen, das Sanatorium! Bräunlich und geradlinig liegt es mit seinen Baracken und seiner Hauptwache inmitten der weiten Ödfläche, die mit matschigen Lattenrosten, Stacheldrahtgängen und gedrungenen Wachtürmen, ergiebig ausgestattet ist, über seinen Pappdächern ragen tannengrün, massig und weich zerklüftet die Berge am Lindenthal und dem Tollense-See himmelan, und weithin sichtbare Tafeln am Zaun unterrichten den Freund der Landschaft in russischer und deutscher und englischer Schrift: Verbotene Zone. Eintritt verboten. Es wird geschossen!

In der NS-Zeit für vorwiegend sowjetische Kriegsgefangene eingerichtet, wurde das Lager nach 1945 zu einem sowjetischen Speziallager. Hier waren ca. 15.000 Frauen, Männer, so auch Johnsons Vater Erich vor seiner Deportation in ein Arbeitslager in der Ukraine, und Jugendliche interniert. Den Verlust des Vaters beschreibt Johnson in den *Begleitumständen* als traumatische Erfahrung.

So ist es erspriesslich für ein Kind, wenn es allzeit zu sagen weiss, wo der Vater sich aufhält, tot oder lebendig; werden und bleiben dessen Bewandtnisse ungewiss, so hat der Sohn sich zurückgesetzt zu fühlen für die Zukunft.

Dieses, für das Kind Uwe Johnson prägende, lebensverändernde Ereignis hat er später als Schriftsteller literarisch verarbeitet. In Johnsons Umsetzung ist es Heinrich Cresspahl, der Vater von Gesine, der im Lager Fünfeichen gefangen gehalten wurde. Und der Vater des Schülers Dieter Lockenvitz wurde ebenfalls von den russischen Soldaten deportiert. Auch der Geschichte des ehemaligen Luxusdampfers *Cap Arcona* wid-

met sich Johnson in den *Jahrestagen*. Während eines ganz auf den Tourismus ausgerichteten Ausflugs in die Holsteinische Schweiz erinnert sich Gesine Cresspahl an ein zeit- und regionalgeschichtliches Ereignis, von der insbesondere die nordwestliche Ostseeküste betroffen war. Erzählend analysiert Johnson auf diese Weise den selektiven Umgang mit der Vergangenheit im Prozess der Erinnerung.

Die Ostsee bei Groß Schwansee und das Gedenkkreuz für die Opfer der *Cap Arcona*

So der dick bedeckte Tag aus Dunst über dem jenseitigen Flussufer, über den austrocknenden Laubfarben vor dem verwischten Wasser, verspricht einen Morgen in Wendisch Burg, das Segelwetter zum Morgen vor vierzehn Jahren erzeugt Verlangen nach einem Tag, der so nicht war, fertigt mir eine Vergangenheit, die ich nicht gelebt habe, macht mich zu einem falschen Menschen, der von sich getrennt ist durch die Tricks der Erinnerung.

Die eben noch idyllischen Landschaftsbilder werden plötzlich zu einem weiteren dunklen Kapitel der deutschen Geschichte in Verbindung gesetzt: dem Untergang der zu Häftlingsschiffen umfunktionierten Dampfer *Cap Arcona, Thielbek, Athen* und *Deutschland.* Die *Cap Arcona,* der Luxusdampfer der *Hamburg-Südamerika-Linie* – benannt nach dem Kap Arkona auf der Insel Rügen – lief am 14. Mai 1927 vom Stapel. Der Dampfer war 206 Meter lang, hatte 27.500 Bruttoregistertonnen Raummaß und galt als eines der schönsten Schiffe seiner Zeit. Ab 1940 wurde die *Cap Arcona* von der deutschen Kriegsmarine verwendet, und ab 1944 setzte man sie zum Transport von Flüchtlingen aus Ostpreußen nach Westen ein. Ab dem 20. April 1945 fungierte das Schiff als Gefangenenlager. Mehr als 9.000 Häftlinge aus dem KZ Neuengamme und anderen Lagern wurden auf der *Cap Arcona* sowie den ebenfalls fahruntüchtig in der Lübecker Bucht liegenden Schiffen *Athen, Deutschland* und *Thielbek* unter menschenunwürdiger. Bedingungen untergebracht. Man kalkulierte bewusst einen Angriff auf die Schiffe durch alliierte Truppen ein, nach dem Grundsatz, dass kein Gefangener lebend in die Hände der Alliierten fallen durfte. Bei der Bombardierung der Schiffe am 3. Mai 1945 durch britische Jagdbomber ertranken etwa 8.000 Häftlinge, und Überlebende wurden teilweise von der SS am Ufer erschossen.

Im Vordergrund von Johnsons Erzählkonzept stehen die kritische Aufarbeitung der Geschichte, die Darstellung individuellen Verhaltens zur Schuld und die Frage nach der persönlichen Mitverantwortung am Nationalsozialismus. Er wendet sich dabei bewusst gegen die Verklärung historischer Ereignisse durch eine auf Harmonie ausgerichtete Erinnerungsarbeit.

Die Ostsee
bei Boltenhagen

Uwe Johnson und ein Getreidespeicher

Im Klützer Winkel scheint die Vergangenheit mancherorts noch gegenwärtig. Der auf den Johnson-Spuren Wandelnde kann sich ohne Schwierigkeiten in die frühe Welt der Gesine Cresspahl einfühlen. Nur wenige Kilometer von Boltenhagen, einem der ältesten Ostseebäder, entfernt (verewigt als Fischerdorf und Seebad der Werktätigen *Rande*), bietet der Klützer Winkel Ruhe und Beschaulichkeit fernab vom Massentourismus. Alte Backsteinkirchen, liebevoll restaurierte Fachwerkhäuser, winzige Weiler eingebettet in die sanfte mecklenburgische Hügellandschaft lassen die Welt um Jakob Abs, Heinrich und Gesine Cresspahl wieder auferstehen. Im Zentrum dieser Region wird seit der Eröffnung des *Literaturhauses „Uwe Johnson"* im April 2006 der Schriftsteller mit einem eigenen Haus und einer Dauerausstellung zu Leben und Werk gewürdigt. Angeregt von Johnsons literarischem Spiel mit den *tatsächlichen Erfindungen* erhielt der Schriftsteller in der kleinen Stadt Klütz, die – wie bereits in den vorangegangenen Kapiteln dargelegt – viele Anregungen für die fiktive Stadt Jerichow lieferte, damit eine besondere Präsentationsfläche, die zum Kennenlernen und zur Auseinandersetzung mit dem Schriftsteller und seinem Werk einlädt.

Nähert man sich dem kleinen Städtchen, so sieht man zuerst diese Kirchturmspitze, die seit Jahrhunderten als Wegmarke für die Region fungiert: *De Klützer Winkel is so wiet, as'n den Klützer Kirchtorm süht.* In Uwe Johnsons Texten heißt die Gegend der *Jerichower Winkel* und gehört die Bischofsmütze zur Petrikirche, dem Arbeitsort von *Pastor Wilhelm Brüshaver.* (In Klütz gab es ab 1906 einen Kantor und Organisten namens Martin Brüsehafer, dessen Hauptberuf Lehrer war.) Die Stadt Klütz, die als Siedlung bereits 1230 erwähnt wird, ist seit alters her das Handwerker- und Handelszentrum der Region. Bereits im Mittelalter wurde der Waldbestand des Klützer Winkels verringert, um den fruchtbaren Boden für die Landwirtschaft zu nutzen. Die reichen Ernteerträge trugen der Gegend Beinamen wie *Speckwinkel, Kornkammer Mecklenburgs* und *Goldene Aue* ein. Von der landwirtschaftlichen Blütezeit des Klützer Winkels und dem florierenden Handel zeugen auch die großen Speichergebäude. Noch heute bezeichnet man diese Region als *Kornkammer Mecklenburgs.*

Da Uwe Johnson in Klütz weder geboren noch gestorben ist und hier auch sonst kein konkreter Wohnort auszumachen war, musste ein für das Uwe-Johnson-Haus ein besonderes Gebäude gesucht werden. Man fand es in dem viergeschossigen Getreidespeicher *Im Thurow*, der in der Nähe der Klützer St. Marien-Kirche mit ihrer typisch mecklenburgischen *Bischofsmütze* steht. Im Zentrum von Klütz stehend, prägt der Speicher nicht nur entscheidend das Stadtbild, er belegt desgleichen als Kultur- und Industriedenkmal die Geschichte der Stadt.

Doch nicht allein aus stadthistorischen Gründen ist der ehemalige Getreidespeicher ein idealer Ort für eine Dauerausstellung über Uwe Johnson. Auch die Wiederbelebung des Speichers als Klützer Informationszentrum sowie die inhaltlichen Bezüge zu Johnsons Texten, z. B. *Papenbrocks Getreidehandlung* in den *Jahrestagen*, legten eine kulturtouristische Nutzung mit literarischem Inhalt nahe. Jedoch kommen im *Johnson-Haus* nicht nur Literaturinteressierte auf ihre Kosten. Darüber hinaus hat das Gebäude auch architektonisch einiges zu bieten.

Das Literaturhaus befindet sich in dem ca. 1890 erbauten ehemaligen Getreidespeicher nahe dem Klützer Marktplatz. Der Speicher diente von Ende des 19. Jahrhunderts bis in die fünfziger Jahre als Getreidespeicher. In den folgenden Jahren prak-

tisch ohne Nutzung, erfolgte 1990 zunächst die Sicherung des Gebäudes durch die Erneuerung des Pappdaches, darüber hinaus erhielten die Fensteröffnungen Wetterschutzgitter. Bei der 2004 begonnenen Sanierung des Speichers standen die Erhaltung der Holzkonstruktion und der funktionalen Teile der alten Nutzung im Vordergrund. Die Architekten verfolgten mit der Renovierung einen Stil, der dem ursprünglichen Charakter des Hauses gerecht werden und mecklenburgische Geschichte dokumentieren sollte. Alte Stütz- und Deckenbalken wurden

Klütz,
Getreidespeicher,
heute Literaturhaus
Uwe Johnson,
Stadtbibliothek und
Stadtinformation

ebenso erhalten wie Schütten und Tor- und Fensterbögen. So behielt die Innenraumgestaltung trotz der Modernisierung ein altes Gesicht, und das Äußere besticht mit der typisch norddeutschen Backsteinfassade. Die beiden Hauptthemen des Hauses – Literatur und Uwe Johnson – ziehen sich durch sämtliche Etagen. Unterstützt wird die Einheit von Inhalt und Form durch das Materialkonzept des Literaturhauses; es besteht aus der Verwendung von wenigen Materialien wie Naturholz, Mauerwerk, Beton und schwarzem Stahl. Ein von den Innenarchitekten besonders fokussiertes Stilelement ist das schwarze Leder, das sich auf Uwe Johnsons Vorliebe für schwarze Lederkleidung und seine schwarzen Charles-Eames-Sitzgruppe bezieht. (Es handelt sich hierbei um ein Geschenk seines Verlegers Siegfried Unseld).

Aufgrund der besonderen Bindung Uwe Johnsons an Mecklenburg beleuchtet die Ausstellung nicht nur das Leben und Werk des Autor, sondern befasst sich auch eingehend mit der Rolle der mecklenburgischen Landschaft in Johnsons Romanen – speziell den *Jahrestagen*. Auf zwei Etagen bietet sie auch für Johnson-Anfänger eine Bandbreite verschiedenster Begegnungen mit dem Autor. Video- und Audiostationen ermöglichen es dem Besucher, Johnson nicht nur lesend zu begegnen. Die erste Ausstellungsebene wirft unter dem Motto *Verzweigungen* Schlaglichter auf maßgebliche Aspekte in Johnsons Leben. Neben Selbstaussagen kommen in der Ausstellung Zeitzeugen zu Wort, die Johnson privat oder beruflich kannten. Autorenfreundschaften zu Max Frisch, Günter Grass und Walter Kempowski sind ebenso beleuchtet wie die Bekanntschaften mit Hannah Arendt und seinem Verleger Siegfried Unseld im Suhrkamp Verlag. Die Aussagen dieser Persönlichkeiten geben einen Hinweis darauf, wie die Außenwelt auf Johnson reagierte und wie sie ihn wahrnahm. Als Mitglied der *Gruppe 47* zeigte Johnson nicht nur Interesse an der literarischen, sondern auch an der politischen Entwicklung Deutschlands. Darüber hinaus fühlte er eine besondere Verantwortung seiner Generation für die intensive Auseinandersetzung und Beschäftigung mit der deutschen Vergangenheit und der Schuld der Deutschen. Diesem Thema – Reflexion der jüngsten deutschen Geschichte (1931–1968) aus der Sicht der in New York lebenden deutschen Bankangestellten Gesine Cresspahl – widmete

Johnson sich ausführlich in seiner Tetralogie *Jahrestage*. Es wird in der 2. Ausstellungsebene näher beleuchtet. An die biographisch orientierte Präsentation schließt sich im darüber liegenden Geschoß eine thematische Ausstellung, die den Besucher nach der Vorstellung der Person des Autors nun mit dessen literarischer Arbeitsweise vertraut macht. Leitfaden für die Präsentation unter dem Titel *Tatsächliche Erfindungen* ist Johnsons literarisches Spiel mit Realität und Fiktion.

Wenn ich den Roman ein Modell, die Möglichkeit eines Modells genannt habe, oder ein System, so meine ich damit nicht großmächtige soziologische Wissenschaft, sondern im Grunde ganz gewöhnliche Dinge: Eine kleine Stadt kann für viele kleine Städte stehen, selbst wenn sie erfunden ist; sie könnte möglich sein; so könnte es gewesen sein. Es ist das Gleiche, wie wenn es sich um eine große Stadt handelt, die es wirklich gibt, z.B. New York. Auch da handelt es sich dann um den Versuch, eine Wirklichkeit, die vergangen ist, wiederherzustellen. Und das heißt nicht etwa, eine Wirklichkeit in allen ihren Beziehungen zusammengefasst noch einmal möglich zu machen.

Die Ausstellung gibt – über zwei Ebenen – einen facettenreichen Einblick in Leben und Werk Uwe Johnsons und zeigt die besondere Verbundenheit Johnsons zu seiner mecklenburgischen Heimat. Der ehemalige Getreidespeicher ist heute in seiner neuen Funktion – im Geiste Uwe Johnsons – ein Haus für Literatur und eine Begegnungsstätte mit Literatur.

Uwe Johnson, November 1981

Lebensdaten Uwe Johnson

1934 geboren am 20. Juli in Cammin (Pommern), heute Kamień Pomorski (Polen), Eltern Erich und Erna Johnson (geb. Sträde). 1934-44 aufgewachsen in Anklam (Vorpommern) an der Peene. 1939 Geburt der Schwester Elke. 1944 – 45 Besuch einer nationalsozialistischen „Deutschen Heimschule" in Kościan (Polen). 1945 Flucht nach Recknitz in Mecklenburg. Der Vater, Erich Johnson, wird interniert, in die Ukraine deportiert und 1948 für tot erklärt. 1946

Umzug nach Güstrow, zunächst in die Prahmstraße 38, ab 1950 Ulrichplatz 19. 1948 – 52 „Schulzeit mit verändertem Lehrstoff": Besuch der John-Brinckman-Oberschule in Güstrow. 1949 – 54 Mitglied der FDJ. 1950 Besuch eines Bezirksleiterlehrgangs der Bezirksjugendschule der FDJ in Dobbertin. 1954 Austritt aus der FDJ. 1952 – 56 Studium der Germanistik in Rostock, 1953 Exmatrikulation und Rücknahme dieser Entscheidung. Ab 1954 Fortsetzung des Studiums an der Karl-Marx-Universität in Leipzig. Diplomarbeit bei Hans Mayer über das Romanfragment *Der gestohlene Mond* von Ernst Barlach. 1953 – 56 Arbeit an seinem ersten Roman *Ingrid Babendererde*, das Buch wird 1985 posthum vom Suhrkamp Verlag herausgegeben. 1956 Mutter und Schwester verlassen die DDR. 1957 – 59 *Arbeitslos in einem Lande, das solchen Zustand abgeschafft haben wollte*, freiberufliche Tätigkeit als Lektor und Übersetzer aus dem Mittelhochdeutschen und Amerikanischen. 1959 *Rückgabe einer Staatsangehörigkeit an die DDR nach nur zehnjähriger Benutzung und Umzug nach Westberlin.* Sein Roman *Mutmassungen über Jakob* erscheint im Suhrkamp Verlag. 1960 Die Stadt Berlin verleiht Johnson den Fontane Preis. 1961 *Das dritte Buch über Achim* und *Berliner Stadtbahn* erscheinen. Erste USA-Reise. 1962 Heirat mit Elisabeth Schmidt und Geburt der Tochter Katharina. Johnson wird Stipendiat der Villa Massimo in Rom und erhält den Internationalen Verlegerpreis. 1964 – 65 *Karsch und andere Prosa* sowie *Zwei Ansichten* erscheinen. Johnson rezensiert Sendungen des DDR-Fernsehens für die Westberliner Zeitung *Der Tagesspiegel*. Diese Fernsehkritiken werden 1987 unter dem Titel *Der 5. Kanal* veröffentlicht. 1966 – 67 Aufenthalt in New York und Arbeit als Schulbuchlektor. Beginn der Arbeit an den *Jahrestagen*. 1970 Erscheinen des ersten Bandes der *Jahrestage*. 1971 Der zweite Band der *Jahrestage* erscheint. Johnson erhält den Georg-Büchner-Preis. 1973 Veröffentlichung des dritten Bandes der *Jahrestage*. 1974 Umzug nach Sheerness-on-Sea, Kent (England). *Eine Reise nach Klagenfurt* erscheint. 1975 Herausgabe des Buches *Max Frisch-Stichworte*, die Aufsatzsammlung *Berliner Sachen* erscheint. Wilhelm-Raabe-Preis der Stadt Braunschweig. 1977 Johnson wird Mitglied der Deutschen Akademie für Sprache und Dichtung. Herausgabe der Autobiographie von Margret Boveri. 1978 Thomas-Mann-Preises der Stadt Lübeck. 1979 Gastdozent für Poetik an der Goethe-Universität Frankfurt. 1980 Die Frankfurter Vorlesungen erscheinen unter dem Titel *Begleitumstände*. 1981 Anlässlich des 70. Geburtstages von Max Frisch erscheint die *Skizze eines Verunglückten*. 1983 Der vierte Band der *Jahrestage* erscheint. Köln verleiht Johnson den Literaturpreis der Stadt. 1984 Johnson stirbt in der Nacht vom 23. zum 24. Februar in seinem Haus in Sheerness an Herzversagen. Er wird erst am 13. März aufgefunden.

Uwe Johnson
im *Literarischen
Colloquium* in Berlin,
November 1981

Bibliographie

BARNERT, ARNO (Hg.): *Uwe Johnson - Anna Grass - Günter Grass.*
Der Briefwechsel. Frankfurt/Main 2007.

BAUMGART, REINHARD (Hg.): *Über Uwe Johnson.* Frankfurt/Main 1970.

BENGEL, MICHAEL: *Johnsons Jahrestage.* Frankfurt/Main 1985

BIERWISCH, MANFRED: *Fünfundzwanzig Jahre mit Ossian.* In: *Johnson-Jahrbuch
1/1994.* hrsg. von Ulrich Fries und Holger Helbig. Göttingen 1993.

DU. DIE ZEITSCHRIFT DER KULTUR, Heft 10/1992.

FAHLKE, EBERHARD: *Ich überlege mir die Geschichte. Uwe Johnson im Gespräch.*
Frankfurt/Main 1988.

FAHLKE, EBERHARD (Hg.): *Max Frisch – Uwe Johnson. Der Briefwechsel.*
Frankfurt/Main 1988.

FAHLKE, EBERHARD: *Die Katze Erinnerung. Uwe Johnson - Eine Chronik in Briefen
und Bildern.* Frankfurt/Main 1994.

FRICK, WERNER ((Hg.): *Orte der Literatur.* Göttingen 2003.

FRIES, ULRICH; HELBIG, HOLGER (Hgg.): *Johnson-Jahrbuch 1/1994.* Göttingen
1994.

GILLHOFF, JOHANNES: *Jürnjakob Swehn der Amerikafahrer.* Berlin 1930.

GRASS, GÜNTER: *Ein weites Feld.* Göttingen 1995.

HELBIG, HOLGER; KOKOL, KLAUS; MÜLLER, IRMGARD; SPAETH, DIETRICH;
FRIES, ULRICH: *Johnsons „Jahrestage". Der Kommentar.* Göttingen 1999.

JOHNSON, UWE: *Begleitumstände. Frankfurter Vorlesungen.* Frankfurt/Main 1996.

JOHNSON, UWE: *Ingrid Babendererde. Reifeprüfung 1953.* Frankfurt/Main 1992.

JOHNSON, UWE: *Inselgeschichten.* Frankfurt/Main 1995.

JOHNSON, UWE: *Jahrestage. Aus dem Leben von Gesine Cresspahl.* Frankfurt/
Main 2000.

JOHNSON, UWE: *Mutmassungen über Jakob.* Frankfurt/Main 1982.

JOHNSON, UWE: *Porträts und Erinnerungen.* Frankfurt/Main 1938.

LEUCHTENBERGER, KATJA: *Uwe Johnson. Leben-Werk-Wirkung.* Berlin 2010.

MEYER-SCHARFFENBERG, FRITZ: *Die Insel Poel und der Klützer Winkel.* Rostock:
2000.

NEUMANN, UWE (Hg): *Johnson-Jahre. Zeugnisse aus sechs Jahrzehnten.*
Frankfurt/Main 2007.

NÖLDECHEN, PETER: *Neues Bilderbuch von Uwe Johnsons Jerichow und
Umgebung: Spurensuche im Mecklenburg von Gesine Cresspahl und Ingrid
Babendererde.* Wismar 2008.

RICHTER, HANS WERNER: *Im Etablissement der Schmetterlinge. Einundzwanzig
Portraits aus der Gruppe 47.* München 1986.

UNSELD, SIEGFRIED (Hg): *„Wohin ich in Wahrheit gehöre". Ein Uwe Johnson
Lesebuch.* Frankfurt/Main 1994.

Uwe Johnson. Die Güstrower Jahre (1948-1952). Hrsg. von der Stadt Güstrow.
1997.

WALTER, KÄTE: *Meine Geschichte im Werk Uwe Johnsons.* In: *Güstrower Jahrbuch
1994.* 1994

Die Autorin und der Verlag danken dem Förderverein
„Uwe Johnson in Klütz e.V." und dem Literaturhaus
für die freundliche Unterstützung.

Literaturhaus „Uwe Johnson"
Im Thurow 14
23948 Klütz
Tel.: 038825-22387 · Fax: 038825-222388
www.literaturhaus-uwe-johnson.de
Öffnungszeiten:
April bis Oktober Dienstag bis Sonntag 10–17 Uhr
Montag geschlossen
November bis März Donnerstag bis Sonntag 10–16 Uhr
Montag bis Mittwoch geschlossen

Förderverein Literaturhaus „Uwe Johnson" Klütz e.V.
Im Thurow 14
23948 Klütz

**Literarische Spaziergänge auf den Spuren Uwe Johnsons
durch Klütz,** April bis Oktober, 1 x monatlich
(Termine siehe Homepage Literaturhaus)

Uwe Johnson Gesellschaft
Am Reifergraben 4
18055 Rostock
Tel.: 0381-498 2541 · Fax: 0381-498 2542
www.uwe-johnson-gesellschaft.de

Uwe Johnson-Forschungsstelle / Uwe Johnson-Archiv
Universität Rostock
Am Reifergraben 4
18055 Rostock
Tel.: 0381-498 2543

Bildnachweis
Heinz Lehmbäcker: S. 3, 11, 34, 35
Renate von Mangold: S. 45, 46
Titelfoto:
Andreaskreuz an der stillgelegten Bahnstrecke Klütz – Grevesmühlen
und alle übrigen Fotos: Angelika Fischer

Nicht alle Bildrechte der historischen Fotos ließen sich ermitteln.
Etwaigen Rechteinhabern steht es frei, sich mit dem Verlag in
Verbindung zu setzen.

Impressum
© Edition A·B·Fischer GbR, Berlin 2008, und die Autorin

Gestaltung und Herstellung: Atelier Fischer, Berlin,
mit Dörte Nielandt
Lektorat: Gisela Henze, Königswinter
Duplex-Reproduktionen: Bildpunkt GmbH, Berlin
Druck: Medialis Offsetdruck GmbH, Berlin
Bindung: Reinhart & Wasser, Berlin
2. überarbeitete Auflage 2013
ISBN: 978-3-937434-57-5